ATÉ AQUI

Lubi Prates

**Conheça melhor
a Biblioteca Madrinha Lua.**

editorapeiropolis.com.br/madrinha-lua

ATÉ AQUI

Lubi Prates

EDITORA
Peirópolis

São Paulo, 2021

Copyright © 2021 Lubi Prates

EDITORA **Renata Farhat Borges**
COORDENADORA DA COLEÇÃO **Ana Elisa Ribeiro**
PROJETO GRÁFICO E DIAGRAMAÇÃO **Gabriela Araujo**
REVISÃO **Mineo Takatama**

Dados internacionais de Catalogação na Publicação (CIP)
de acordo com ISBD

P912a Prates, Lubi

   Até aqui / Lubi Prates. – São Paulo: Peirópolis, 2021.
   88 p.; 12 x 19 cm – (Biblioteca Madrinha Lua)

   ISBN 978-65-5931-045-6

   1. Literatura brasileira. 2. Poesia. I. Título.
II. Série.

	CDD 869.1
2021-4176	CDU 821.134.3(81)-1

Elaborado por Odílio Hilario Moreira Junior – CRB-8/9949

Índice para catálogo sistemático:
1. Literatura brasileira: Poesia 869.1
2. Literatura brasileira: Poesia 821.134.3(81)-1

Editado conforme o Acordo Ortográfico
da Língua Portuguesa de 1990.   1ª edição, 2021

Editora Peirópolis Ltda.
Rua Girassol, 310f – Vila Madalena
05433-000 – São Paulo – SP
tel.: (11) 3816-0699
vendas@editorapeiropolis.com.br
www.editorapeiropolis.com.br

MISTO
Papel produzido a partir
de fontes responsáveis
FSC® C169512

PREFÁCIO
Amor e negritude em um mesmo verso

Heleine Fernandes

A coletânea que você tem nas mãos celebra a poesia de Lubi Prates, a sua trajetória através da escrita registrada nos livros *coração na boca* (Multifoco, 2012), *triz* (Patuá, 2016), *um corpo negro* (nosotros, 2018), e nas plaquetes *permanece* (Quelônio, 2019), *de lá/daqui* (nosotros, 2018). A maior parte desses livros, publicados por editoras pequenas (inclusive a nosotros, da qual Lubi é editora), estão esgotados, daí a chegada oportuna desta seleta, que nos lembra da necessidade de reedição dessas obras. A coletânea desenha um caminho interessante pela obra de Lubi, em que vamos acompanhando o fio da construção de sua escrita e da elaboração de temas recorrentes ao longo de poemas de diferentes períodos.

Muito me alegra fazer parte dessa festa que reconhece a importância de sua obra para a poesia brasileira contemporânea.

Para mim não é possível escrever sobre a poesia de Lubi Prates sem falar da intelectual negra Lubi Prates.

Justo porque conheci ambas ao mesmo tempo e esse encontro me transformou profundamente.

Conheci a Lubi em 2017, quando ela realizou uma oficina de escrita chamada Criação Poética para Negras, que aconteceu no Front, no Rio de Janeiro, em parceria com a editora kza1, do Thadeu C. Santos. Na época, ela estava escrevendo *um corpo negro*, seu terceiro livro de poemas, e a oficina fazia parte de seu projeto de escrita, financiado pelo ProAC de criação e publicação de poesia. Nessa oficina, entrei em contato, pela primeira vez, com o conceito de literatura afro-brasileira/negra-brasileira e com poetas negras fundamentais, de que tinha pouca ou nenhuma notícia, como Conceição Evaristo, Miriam Alves, Alzira Rufino, Lívia Natália, Tatiana Nascimento e a própria Lubi. Ainda hoje – através de cursos, eventos literários, antologias, traduções e sua atuação editorial –, ela faz o importante trabalho de difundir e visibilizar autoras/es negras/os.

A poeta põe em prática o conselho que Alice Walker dá a toda pessoa negra intelectual: "Se a pessoa for negra e estiver caindo no mundo, deve estar armada em dobro, preparada em dobro. Porque, para ela, não há apenas um mundo novo a ser conquistado, há um mundo antigo a ser reivindicado"[1]. Reivindicar o mundo antigo é uma tarefa que Lubi tem feito e ensinado a fazer, o que cria condição de possibilidade para que novas escritoras/es negras/os restaurem suas autoestimas abaladas pelo racismo, desenvolvam suas escritas, publiquem e enfrentem as estratégias de deslegitimação presentes em todo o sistema literário brasileiro, marcadamente brancocêntrico e elitista. Esse gesto (re)cria comunidade e rompe com o isolamento que muitas vezes as pessoas negras vivem em espaços letrados embranquecidos. A reverência e a busca de referências ancestrais surgem nos versos que encerram "da poesia, essa dor", um dos primeiros poemas da coletânea:

> "refletir poetas
> *y todos los otros muertos,*
> revirar e viver repetindo
> passados meus só
> no parecer
> da palavra escrita".

A dor, que aparece em muitos poemas, vai sendo elaborada através da palavra (traduzida em muitos idiomas), que vive e vibra cavalgando corpos, congrega e cria rede, colocando para a poeta a obrigação de unir: versos e universos ("Poesia é / acariciar todo o sofrimento em / não esquecer a obrigação de / unir versos", em "ela mesma, a Poesia"). Seria a poesia boia salva-vidas para sobrenadar à solidão criada pela violência colonial, que lançou os africanos em diáspora, rompendo laços familiares, territoriais e culturais? A poeta se interessa pelo que permanece e sobrevive ao horror, à catástrofe e ao holocausto que foi o tráfico intercontinental de africanos, honrando a memória de suas/seus

ancestrais e trabalhando pela conquista efetiva
do Novo Mundo. "E não precisamos de / guerra
fincar bandeiras / colonizar o outro dizer / esse
território é meu", conforme os versos de "nos
tornamos maiores que um continente". Para
mim, esta coletânea figura como um recorte
desse processo de conquista do Novo Mundo,
que está, por sua vez, na encruzilhada do
processo de tornar-se negra. Uma imagem para
essa encruzilhada é o próprio oceano, com suas
múltiplas rotas, encontros e conflitos.

"Quantos oceanos você atravessou / *hasta aquí, hasta llegar
a mí.*" Como não lembrar de Beatriz Nascimento
e da sua definição de si desde a imagem do
Atlântico Negro? "Ó paz infinita, poder fazer elos
de ligação numa história fragmentada. África e
América e novamente Europa e África. Angola.
Jagas. E os povos do Benin de onde veio minha
mãe. Eu sou atlântica."[2]

Na apresentação de seu livro *um corpo negro*, Lubi fala sobre
o processo de tornar-se negra:

> "os primeiros poemas para compor esse
> livro foram escritos em 2015, quando
> eu morava numa cidade onde quase
> todos eram brancos. a diferença entre
> mim e eles só poderia ser porque eu
> era alguém 'de fora', não pertencia
> àquele limite territorial, eu pensava.
> durante a infância, eu pensava que a
> diferença entre as outras crianças e mim

era por eu ser pobre. sempre, sempre,
na minha cabeça ingênua de criança,
de adolescente, de adulta, havia outro
motivo para a diferença, não poderia ser
minha raça."[3]

A "condição: imigrante", conceito-chave para ler esta obra, revelou-se uma produção simbólica do racismo que afeta a subjetividade da poeta. Apesar do mal-estar produzido por esse cão raivoso, sempre à espreita nos poemas, é bonito poder acompanhar, ao longo da obra de Lubi Prates, o seu processo pessoal de tornar-se negra. Essa expressão foi criada pela psicanalista brasileira Neusa Santos para nomear o processo de tomada de consciência que pessoas negras precisam realizar em relação ao racismo brasileiro para que saiam do estado de alienação, embranquecimento e apagamento previsto para elas, reivindicando, assim, o reconhecimento de suas humanidades.

O corpo, tão presente na obra de Lubi Prates, só se enuncia negro em seu terceiro livro; porém, nos poemas dos livros anteriores (que estão no começo da coletânea), é possível identificar experiências e desafios pelos quais passam muitas mulheres negras. Nesse sentido, me chama a atenção o poema "second mirror":

> "antes que voem
> estilhaços
> olhar de relance
> o reflexo
> no espelho:
> espasmo.
>
> não quero ser
> os olhos
> de Lubiana
> os cabelos as pintas
> o sorriso triste
> de Lubiana."

No extremo oposto à narrativa de Narciso, não é nada fácil para mulheres negras apaixonarem-se por si mesmas. Essa é uma tarefa que dá muito trabalho! Exige muita estratégia. Quantas imagens monstruosas se interpõem, como obstáculos, ao acesso da mulher negra a si mesma, o que produz distorção de sua autoimagem e baixa autoestima. Que mulher negra não ouviu, ainda na infância, que seu reflexo ou o de uma semelhante quebraria o espelho? Como dizer eu sem poder (re)conhecer-se? O auto-ódio é uma das formas do racismo que se infiltram na psiquê de pessoas negras que são socializadas na lógica da supremacia branca, aprendendo desde muito cedo a não gostarem de si mesmas. Nem é preciso dizer que o auto-ódio gera muitos estragos e interdições. A esse respeito, nos fala bell hooks:

> "Enquanto pessoas negras forem ensinadas a rejeitar nossa negritude, nossa história e nossa cultura como única maneira de alcançar qualquer grau de autossuficiência econômica, ou ser privilegiado materialmente, então sempre haverá uma crise na identidade negra. O racismo internalizado continuará a erodir a luta coletiva por autodefinição."[4]

Como transformar o espelho assombrado do poema em *abèbè*, ferramenta de autoconhecimento e autoafirmação em forma de espelho ou leque espelhado, utilizada pelas *òrìṣàs* das águas criadoras *Yemọja* e *Ọṣun*? Como encontrar – e ser – a beleza dos olhos, dos cabelos, da pele e da boca de Lubiana? O percurso de escrita da poeta Lubi Prates constrói a possibilidade de unir amor e negritude em um mesmo verso.

🎵 *Heleine Fernandes é poeta, professora e doutora em ciência da literatura pela UFRJ.*

---

[1] Alice Walker. Formatura de 1972: um discurso. In: *Em busca dos jardins de nossas mães.* Rio de Janeiro: Bazar do Tempo, 2021.

[2] Alex Ratts. Textos e narração de Orí (1989). In: *Eu sou atlântica: sobre a trajetória de vida de Beatriz Nascimento.* São Paulo: Instituto Kuanza e Imprensa Oficial, 2006.

[3] Lubi Prates. *um corpo negro.* 2. ed. São Paulo: nosotros, 2019.

[4] bell hooks. Amando a negritude como resistência política. In: *Olhares negros:* raça e representação. São Paulo: Elefante, 2019.

hasta aquí, hasta llegar a mí

você traz na boca
todo o gosto do mar
e eu tento adivinhar
inutilmente
quantos oceanos você atravessou
hasta aquí, hasta llegar a mí
quais oceanos você atravessou
hasta aquí, hasta llegar a mí
para guardar em si
tanta água, tanto sal
em cada gota de saliva.

você traz na pele
todos os tons da terra
e eu tento adivinhar
inutilmente
quantos continentes você percorreu
hasta aquí, hasta llegar a mí
quais continentes você percorreu
hasta aquí, hasta llegar a mí

para guardar em si
tanta cor & esse cheiro que se acentua quando chove.

você diz reconhecer
o gosto de mar que trago na boca
os tons de terra que trago na pele
fácil perceber então que
atravessamos percorremos
os mesmos oceanos os mesmos continentes
hasta aquí

: somos filhos da África
e tudo que contamos através dos nossos corpos
fala sobre nós, mas no profundo da memória
guarda nossos ancestrais.

nos tornamos maiores
que um continente

agrupamento de
quilômetros
de terra

apenas com nossos corpos
um sobre o outro.

nos tornamos maiores
que um continente

isolados por oceanos
ou riscando fronteiras entre
tudo que era nosso e
o resto.

nos tornamos maiores
que um continente

e não precisamos de
guerra fincar bandeiras
colonizar o outro dizer
esse território é meu.

nos tornamos maiores
que um continente e

inventamos
um idioma próprio.

nos tornamos maiores
que um continente.

nos tornamos maiores
que um continente e
sequer percebemos quando
nossas terras secaram e
surgiu a rachadura
a fresta existente entre as minhas pernas
                        ficou profunda

até alcançar as águas possíveis
de movimentar as placas tectônicas

as águas possíveis
de separar os corpos

as águas tão inconscientes
abaixo do lodo que temos todos.

nos tornamos maiores
que um continente e

prevejo

demorará séculos milênios
para matarmos nossa civilização.

nos tornamos maiores
que um continente e

prevejo

demorará séculos milênios
para alcançarmos a distância que existe
entre África e América Latina.

não temos fronteiras

você diz
>*não temos fronteiras*

você diz
>*não temos fronteiras*

para dizer que somos um, que
a pele do outro ainda é si, nós
o mesmo chão.

você diz
>*não temos fronteiras*

para me enganar, pergunto.

você diz
>*não temos fronteiras*

eu nego
forçando o meu olhar nas
cicatrizes que insistem
limites tão leves, mas que

se fôssemos em mapas
se fôssemos países ainda
estariam lá, ainda
ensaiariam abismos
mínimos.

você repete
      não temos fronteiras
porque para você
essas linhas são
apenas

detalhes

dentro de poemas.

ela mesma, a Poesia

é despertar e enxergar além de o ou a
visão audição olfato tato paladar.
entregar-se para o sentir e perceber.
a Poesia é aprofundar-se
e procurar em si palavras
e substituí-las substituí-las substituí-las
perdê-las e insistir em
re e construir até que
perfeitamente.
e cuspir sem silêncio o que
a Poesia.
cuspir sem silêncio
e não implorar ouvintes
mas quando
seduzir e penetrar e abusar
porque a Poesia é
acariciar todo o sofrimento em
não esquecer a obrigação de
unir versos.

II

da poesia, essa dor:

rasga meu peito
esquerdo e direito
a insistência
procurar e inspirar e escrever
com os estilhaços
do labirinto eu
carne-viva
verbo ou hemorragiando-se
esse de ou em tanto amor
refletir poetas
y todos los otros muertos,
revirar e viver repetindo
passados meus só
no parecer
da palavra escrita.

sobre eles e nós

para Raimundo Neto

eles
que são desfeitos de poesia
olham extasiados
rodam
com seus corpos em danças estranhas
e não entendem
nós

os intensos

permanecemos na chuva.

a palavra
ela vive

ela vibra.

a palavra
ela quer
encontrar um meio

para ser
no mundo.

a palavra
ela seduz:

só quer você
como passagem.

atualíssima

se a poesia me diz apenas sobre
sua ausência

pela intensidade na lentidão ou pressa

dos dias
obrigando-me o não-sentir
e um frio além do tempo as cores
um silêncio entre conversas de universos.

se a poesia me diz apenas sobre
sua ausência é
a mais violenta solidão.

possessividade I

esse meu silêncio
de não ousar poesia
é não querer-te
lábio palavra idioma
        de outrem
e a incorporação implícita &
disfarçada de apreciar poesia
porque poesia é você
sobre todas as coisas e
eu não quero eu não ouso
eu silencio
para você ser só meu.

possessividade II

o que faço é te negar
pelo que já disse tantas
vezes: possessividade

e viver em círculos com
frases frases que não são
poemas.

porque me vem sempre
como inspiração
sua presença

e não te quero
lábio palavra idioma
de outrem.

não quero
repartir minhas migalhas.

quero tudo o que não é meu:
você,
por exemplo.

---

nesse caso, não sei se
é inveja ou luxúria
o meu maior pecado capital.

súplicas

me rapte para tua cidade ou minha casa
quilômetros em comum, por um instante

descubra os cabelos da face
por onde e por que me escondo

um sabonete que desvenda, mas não limpa
as sardas, seja

o título para meus poemas
um clichê, porque eu acho graça em

qualquer coisa, qualquer outra coisa
mas não nesse vazio insistindo entre os seios.

seus grãos de beleza

estou apaixonando-me
repetidamente
pelas pequenas coisas

em você.

diria: coração em *looping*.

grains de beauté nas suas costas
                que eu não enxerguei antes dos fins
novos caminhos
                para minhas mãos minha língua

para eu chegar em casa.

meu estar ao seu lado é um ser
        de constância.

um erro na ordem das predileções é
um erro de absoluta certeza de reciprocidade
        que escapa o limite de fazer bem
somente bem
        até aprisionar-
            me.

diriam paixão, mas além.

você, se me dissesse:
vá, vá embora agora

não me maltrataria
não me sangraria
me absolveria do crime que não ouso:
        partir.

quando penso em você
penso em
raposa.

seus olhos verdes
fixados em mim

eu digo: raposa, e

estico meu braço
          para te alcançar
enquanto você me ronda
criando círculos pelo chão.

quando penso em você
penso em
raposa.

eu repito: raposa.

quando penso em nós
penso em mim
tão presa.

constrói-me como muro
desejando-me inabalável
        pés de cimento abaixo do asfalto

mas cerca-me com seu abraço

devo ser firme ou frágil,
presa em você.

constrói-me como muro
de tijolos à vista
        nenhuma vaidade
mas cobre-me com seu corpo

devo ser firme ou frágil,
apenas sua construção.

da sala
eu ouço o estalar
dos seus ossos

por tanto tempo guardados

o quadril ou
as costas ou
os dedos das mãos:

difícil precisar

essa sutileza

poderia ser um teste
para a minha interpretação.

da sala
eu ouço o estalar
dos seus ossos

o quadril ou
as costas ou
os dedos das mãos

é um início
de ação.

difícil precisar

o local exato do seu
esconderijo

antes de agora

como guardar um corpo
        carne ossos quilos
dentro de si mesmo
soa uma artimanha.

sobre mar de carne e ossos

ele contorna meu corpo com o seu
por instantes é mar:
água e sal
– não só os olhos desse azul
        que se acinzenta quando tempestades
atrás de lentes escuras.
vertigem e me entrego
– sei a impossibilidade
de avessar naturezas conturbadas:
não há margem ou poro desafetado
        pela penetração
perturbação de língua respiração e pelos
ávidos por afogar sentimentos
        barriga dentro e fora
então acredito em qualquer gota antes
como prenúncio de essa inundação
porque toda água nasce e vibra
        invasão apenas
para após refluxo, a distância.

carrego mágoas enormes
nos bolsos do casaco:
esse repetir dores imaginárias
e repetir repetir até acreditar.

sou um viaduto em carne e osso
não ergo meu corpo do asfalto.
o peso disfarço
enquanto amarro os sapatos.

des-amor II

é uma água que jamais retorna
para sua fonte

o amor

e o que fazer agora que

esse seu contrário insiste
        em mim
como um sol forte de verão   secando-me
        ou um transbordamento, inundação

que destrói até a menor partícula
de você no meu corpo, apenas porque

é a natureza:

implacável.

sobre você no hospital, às 20h48m

a palavra não é querer
é precisar

me livrar
desse medo de te perder
de repente
poupar sentimento

– mesmo quando dentro de mim
bagunça aquela
ideia fixa
(a falta de acento
me faz pronunciar rígida
como se não fosse rigidez a)
: morte

o silêncio você rompe
você tem cheiro de fumaça
desperto
eu sei

cigarros são instantes
away from you
mas digo
eu tenho cheiro de fumaça

agora
emergência
seu traje branco
e as paredes
obrigam a calma

quando me desejam
trágica
– ardentemente trágica

porque não basta o dentro
deve haver lágrimas
muitas
mas para eles
você entende
sempre para eles.

preciso lamber meus filhos
antes que seja tarde, mãe.

(antes que seja tarde,
preciso lambê-los.)

Santiago

Santiago já não me cabe
         no colo, embora ainda
joelhos rasgados &
abismo entre dentes de
         leite.

Santiago me olha de soslaio
corpo encostado à porta
         o limite entre nós
porque preferível, sempre preferível
não notar que o tempo é
o embranquecer nos
         meus cabelos.

second mirror

antes que voem
estilhaços
olhar de relance
o reflexo
no espelho:
espasmo.

não quero ser
os olhos
de Lubiana
os cabelos as pintas
o sorriso triste
de Lubiana.

Poesia ainda é
persiste
um risco
à minha vida.

uma rima que sufoca
um eterno engasgo
        que haja ar
        que haja água

&

ainda assim,
seu contrário:

Poesia ainda é
persiste
boia, salva-vidas.

há uma arquitetura
no corpo

o encaixe de um tijolo
que facilita
e ou
dificulta.

há uma arquitetura
no corpo

que edifica mas
me desaba

há
uma
arquitetura
no
corpo

dizem: sábia

embora não explique
esse peso nos meus pés
que prevejo desabamentos

embora não explique
esse vazio no meu tórax:
impreenchível

qual ciência determinou que
minhas mãos não
demorariam ao segurar?

há uma arquitetura
no corpo

dizem: sábia

em mim:
inexata.

pele que habito

minha pele é meu quarto.
minha pele é todos os cômodos
onde me alimento onde deito finjo
      o mínimo conforto.

minha pele é minha casa
com as paredes descobertas
      uma falta de cuidado
: necessita sempre mais
para ser casa.

minha pele não é um estado
desgovernado.

minha pele é um país
embora distante demais   para os meus braços
embora eu sequer caminhe sobre seu território
embora eu não domine sua linguagem.

minha pele não é casca
é um mapa: onde África ocupa
todos   os   espaços:
cabeça útero pés

onde os mares são feitos de
minhas lágrimas.

minha pele é um mundo
que não é só meu.

é nas minhas costas
que eu guardo a história
do antes
do depois.

uma memória preservada
              para além de artifícios tecnológicos
no código genético
que me determinou determinará
negra.

é nas minhas costas
que eu guardo a história
do antes   silenciado
do depois   traçado no agora.

é nas minhas costas
que eu guardo a história
do antes: o encurvamento
os açoites destruindo o silêncio
é nas minhas costas

que o rasgo abre sangra cicatriza,
mas permanece.

é nas minhas costas
que eu guardo a história
do depois: este ousar erguer-se,
um edifício que se constrói
a partir de escombros.

arrancaram meus olhos
e cada pelo do meu corpo,
cortaram minha língua.
arrancaram unha a unha,
dos pés e das mãos.
cortaram meus seios e o clitóris,
cortaram minhas orelhas,
quebraram meu nariz.
encheram minha boca e os outros vácuos
de monstros:
eles devoraram tudo.
só restou o oco.
então, eles comeram este resto,
limparam os beiços.

diversas teorias
dizem que
meu corpo
este corpo
está no ápice
de sua formação

dizem que
a partir daqui
é declínio.

eu tenho além de
trinta anos

mas

quando
um corpo negro
está completo?

eu tenho
todos os órgãos
todos os membros
mas sei que
daqui a pouco
vão me arrancar
o estômago

então
eu não estarei
completa.

quando
um corpo negro
está completo?

quando me arrancarem
o estômago
talvez
cresça outro em seu lugar
        então, eu estarei em formação

ou talvez
eu lide
eternamente
com a falta
   então, eu não estarei completa.

quando
um corpo negro
está completo?

quando eu tiver superado
eu sei que
balas
perdidas
atingirão meu corpo
   este eterno alvo

então
eu não estarei
completa.

quando
um corpo negro
está completo?

talvez
minhas vísceras e
minha pele se renovem
            então, eu estarei em formação
ou talvez
eu lide
eternamente
com a falta.

quando
um corpo negro
está completo?

diversas teorias
dizem que
meu corpo
este corpo

está no ápice
de sua formação

dizem que
a partir daqui
é declínio.

eu tenho além de
trinta anos

mas

se
um corpo negro
é formado
por violências

quando
um corpo negro
está completo?

você nunca esteve diante do horror

você traz os olhos arregalados
e você nunca esteve diante
do horror,

você nunca viu uma cidade bombardeada
uma cidade destruída
uma cidade esvaziada pela guerra.

você nunca esteve diante
do horror,

você nunca chegou em outro continente
sem saber dizer palavra
só com seu nome e a angústia na boca
você nunca foi deportado para um país que
                    não existia mais.

você traz os olhos arregalados
e você nunca esteve diante
do horror,

você nunca sentiu uma arma
apontada para sua cabeça
enquanto repetia: *é um engano*
você não é negro, você sempre
esteve em segurança,

você nunca sentiu a fome
te impedir de lamentar levantar
aguentar
você nunca perdeu o telhado
para a tempestade.

você nunca esteve diante
do horror,

você pode fechar seus olhos.

mátria e/ou terra-mãe

repetem repetem
mátria
com tanta certeza
como se a palavra
existisse
no dicionário
o último lugar de validação.

mas não é mãe
se permite
que te arranquem
o solo e os pés
no mesmo instante

não é mãe
se inventa um navio
quando te jogam
ao mar
se força as ondas

pra que chegue
mais rápido
ao desconhecido

não é mãe
se permite que grite
até a rouquidão
mas num idioma
que ninguém compreende.

repetem repetem
mátria
com tanta certeza
como se a palavra
existisse
no dicionário
o último lugar de validação.

de onde eu vim
pra onde sempre vou
eu chamo pátria.

como chamar de
pátria

o lugar onde nasci

esse útero geográfico
que me pariu

como chamar de
pátria

o lugar onde nasci

se parir é uma
possibilidade   apenas   feminina e

pátria traz essa imagem
masculina & país traz essa
imagem masculina & o próprio
pai em si

como não chamar de
pátria

esse lugar onde nasci

embora ainda útero geográfico
que me pariu,

me expulsou:

mãe não cabe numa pátria.

não foi um cruzeiro

meu nome e
minha língua

meus documentos e
minha direção

meu turbante e
minhas rezas

minha memória de
comidas e tambores

esqueci no navio
que me cruzou
o Atlântico.

para este país

para este país
eu traria

os documentos que me tornam gente
os documentos que comprovam: eu existo
parece bobagem, mas aqui
eu ainda não tenho esta certeza: existo.

para este país
eu traria

meu diploma os livros que eu li
minha caixa de fotografias
meus aparelhos eletrônicos
minhas melhores calcinhas

para este país
eu traria
meu corpo

para este país
eu traria todas essas coisas
& mais, mas

não me permitiram malas

: o espaço era pequeno demais

aquele navio poderia afundar
aquele avião poderia partir-se

com o peso que tem uma vida.

para este país
eu trouxe

a cor da minha pele
meu cabelo crespo
meu idioma   materno
minhas comidas preferidas
na memória da minha língua

para este país
eu trouxe

meus orixás
sobre a minha cabeça
toda minha árvore genealógica
antepassados, as raízes

para este país
eu trouxe todas essas coisas
& mais

: ninguém notou,
mas minha bagagem pesa tanto.

> *Ele não me viu com a roupa da escola, mãe?*
> (Marcos Vinicius da Silva, 14 anos, assassinado pela Polícia Militar do Rio de Janeiro)

e ainda que
eu trouxesse

para este país

meus documentos
meu diploma
todos os livros que li
meus aparelhos eletrônicos ou
minhas melhores calcinhas

só veriam
meu corpo

um corpo
negro.

condição: imigrante

1.
desde que cheguei
um cão me segue

&

mesmo que haja quilômetros
mesmo que haja obstáculos

entre nós

sinto seu hálito quente
no meu pescoço.

desde que cheguei
um cão me segue

&

não me deixa
frequentar os lugares badalados

não me deixa
usar um dialeto diferente do que há aqui
        guardei minhas gírias no fundo da mala
ele rosna.

desde que cheguei
um cão me segue

&

esse cão, eu apelidei de
imigração.

2.
um país que te rosna
uma cidade que te rosna
ruas que te rosnam:

como um cão selvagem

esqueça aquela ideia
infantil aquela lembrança
infantil

de sua mão afagando um cão
de sua mão afagando

seu próprio cão

ficou em outro país
ironicamente, porque a raiva lá
não é controlada

aqui, tampouco:

um país que te rosna
uma cidade que te rosna
ruas que te rosnam:

como um cão

: selvagem.

quem tem medo da palavra
NEGRO
quando ela não ultrapassa
as páginas do dicionário e
do livro de História?

quem tem medo da palavra
NEGRO
quando ela está estática ou
cercada por outras palavras
nas páginas policiais?

quem tem medo da palavra
NEGRO
se transformam em:
moreno mulato
qualquer coisa bem perto de
qualquer coisa quase
branco?

quem tem medo da palavra
NEGRO
se quando eu digo
faz silêncio?

quem tem medo da palavra
NEGRO
que eu não digo?

quem
tem
medo
da
palavra
NEGRO

quando ela não faz pessoa:
carne osso e fúria?

quando ouvi
a frase
pela primeira vez
sequer sabia ouvir-
falar-reproduzir
o que saía da boca
deles.

depois, eu já era criança
ouvi
a frase
tantas vezes
diante das lágrimas
pelos joelhos ralados
pelo dente quebrado
pela agulha invadindo
a carne.

assim, repetiram
repetiram
a frase

incontáveis vezes
por algumas mortes
por algumas partidas

por eu estar ali
uma mulher
de coração duro e
com as mãos vazias.

se eu pudesse resgatar
aquela criança
que fui
com esta voz que tenho
responderia:
eu não quero ser forte.

e é
exatamente
nisto que mora a força.

POSFÁCIO
Uma tacada

Ana Elisa Ribeiro

Quem é essa mulher? Lúbi ou Lubí? Cheguei a essa poeta num voo por seus poemas, em especial alguns que circularam e circulam bastante pela internet. Li um, li mais um e continuei com aquela sensação de fôlego entrecortado, de quando a gente leva um empurrão, tipo: "Acorda!". Era isso e era, ao mesmo tempo, preciso. Lubi (é Lúbi, afinal) Prates me chegou pelos textos, depois se transformou na figura elegante de uma mulher em seus silêncios, em seu modo cadenciado de falar, sempre dando a impressão de que, antes, foi preciso pensar muito.

Um dia, vi que a Lubi estava fazendo uma espécie de promoção nas redes sociais. Um combo com três de seus livros e plaquetes estava à venda com um frete camarada. Comprei todos. Corri lá para aproveitar a oportunidade de fazer uma espécie de maratona pela poesia social e incisiva da poeta paulista.

Chegaram meus livros pelos correios, envoltos em plástico, com dedicatórias, do jeito que eu queria. Não tive coragem de separá-los para uma leitura intercalada com outros e outras poetas. Li Lubi Prates de uma só tacada, com a alegria adicional de ver que ela produzia também em espanhol, num diálogo interlínguas que me seduziu muito.

Lubi Prates é poeta que sabe bem o poder que os versos têm. Não é autora de passar pano. Ela toca em feridas abertas latino-americanas, brasileiras, expõe a situação dos que se sentem estrangeiros, desterrados, renegados em seu próprio chão; não amacia assunto que mereça ferro e fogo; expõe dores e sabores do corpo, da pele, da cor, do olhar, do sentir, do dizer, na violência e no acolhimento. Este *até aqui* não basta; certamente seguirá, porque a voz dessa poeta só se amplia, inclusive nesta coleção.

A Biblioteca Madrinha Lua pretende reunir algumas dessas poetas que nos aparecem pelas frestas do mercado editorial, pelas fendas do debate literário amplo, pelas escotilhas oxidadas enquanto mergulhamos na literatura contemporânea. Já no final da vida, Henriqueta Lisboa, nossa poeta madrinha, se fazia uma pergunta dura, sem resposta previsível, em especial para as mulheres que escrevem: "Terá valido a pena a persistência?". Pois então. Acho que todas se perguntam isso, mais cedo ou mais tarde. Não terá sido por falta de persistência e de uma coleção como esta, poeta. Vejamos aqui o toque firme nos versos de Lubi Prates.

ÍNDICE DE POEMAS

hasta aquí, hasta llegar a mí **15**
nos tornamos maiores **17**
não temos fronteiras **21**
ela mesma, a Poesia **23**
II **24**
sobre eles e nós **25**
a palavra **26**
atualíssima **27**
possessividade I **28**
possessividade II **29**
quero tudo o que não é meu: **30**
súplicas **31**
seus grãos de beleza **32**
meu estar ao seu lado é um ser **33**
quando penso em você **34**
constrói-me como muro **36**
da sala **37**
sobre mar de carne e ossos **39**
carrego mágoas enormes **40**
des-amor II **41**
sobre você no hospital, às 20h48m **42**
Santiago **45**
second mirror **46**
Poesia ainda é **47**
há uma arquitetura **48**
pele que habito **50**
é nas minhas costas **52**
arrancaram meus olhos **54**
diversas teorias **55**
você nunca esteve diante do horror **60**

mátria e/ou terra-mãe 62
como chamar de 64
não foi um cruzeiro 66
para este país 67
e ainda que 70
condição: imigrante 71
quem tem medo da palavra 74
quando ouvi 76

FONTES **Eskorte e Ronnia**
PAPEL **Pólen soft 80 g/m²**
TIRAGEM **1000**